SENSACIONES Y SENTIMIENTOS

ExLibric

JUAN DOMINGO CHAPARRO DONATE

SENSACIONES
Y SENTIMIENTOS

EXLIBRIC
ANTEQUERA 2024

SENSACIONES Y SENTIMIENTOS
© Juan Domingo Chaparro Donate
Diseño de portada: Dpto. de Diseño Gráfico Exlibric

Iª edición

© ExLibric, 2024.

Editado por: ExLibric
c/ Cueva de Viera, 2, Local 3
Centro Negocios CADI
29200 Antequera (Málaga)
Teléfono: 952 70 60 04
Fax: 952 84 55 03
Correo electrónico: exlibric@exlibric.com
Internet: www.exlibric.com

ISBN: 978-84-10297-39-5
Depósito Legal: MA 2133-2024

Impresión: PODiPrint
Impreso en Andalucía – España

Nota de la editorial: ExLibric pertenece a Innovación y Cualificación S. L.

JUAN DOMINGO CHAPARRO DONATE

SENSACIONES
Y SENTIMIENTOS

¿DÓNDE ESTOY?

Aquel misticismo que me embarga,
lleno de ese halo misterioso,
me envuelve, me encuentra, me ama.
Y mientras, yo, desesperado,
trato de encontrar
el momento de decir SÍ.

La luz... la oscuridad...
El misterio de tu voz...
Tu voz... vehículo de verdad,
o de irrealidad.
Me llevas al lugar de donde soy.
Me haces bajar
y allí estoy yo, en tus manos.

Aquel atardecer, aquel ayer, entre caricias,
entre besos, entre manos entrelazadas,
unidas en el destino de nuestra vida,
entre susurros, en cada beso,
en un sinvivir... sueño irrealidad,
vida misteriosa, y ese momento
llega... y te digo, entre tus manos... SÍ.

AMANECER

Triste momento para interminable recuerdo.
Amanecer, momento sublime de amor.
Amanecer, maravilloso momento de alegría.
¿Dónde dejamos la alegría de ese momento?
¿Cómo olvidamos la luz que irradia
el país del sol?
¿Dónde dejé el recuerdo, el amor olvidado?

Amanecer, sublime verdad
que oculta la oscuridad.
La búsqueda ha terminado,
la luna se ocultó
y tú y yo, entre las sombras
de la noche, desaparecemos,
nos evaporamos… y volvemos
al lugar de donde procedemos:
la playa… en el amanecer.

AMOR

Tú, tu luz, tu belleza.
Mi corazón aumenta sus constantes,
pues tu belleza me encandila.
Tus ojos, esas perlas brillantes,
y tus labios, la linda caricia,
que llenan durante algunos instantes
mi boca de sabores refrescantes.
Tu mirada, esa mirada tan dulce
hace que mi ser se turbe,
pues me siento inquieto
y no acierto
a decirte «TE QUIERO».

Sí, amor mío, a veces
cuesta tanto reconocerlo
que pretendo, si tú lo quieres,
callar y seguir diciéndotelo,
llorar y seguir pensando
que solamente yo TE QUIERO.
Mirarte, esperarte…
La espera, larga y tedia,
hace que mi corazón llore,

que mis pupilas enrojezcan
y mi vida me abandone
al no saber decir «TE QUIERO».

AZUL

Azul, azul el color de tus ojos,
el color del cielo,
el color de la bella Mar.

Azul, azul la fuerza del ser,
la fuerza del corazón,
la fuerza de tu Amor.

Azul, azul el bello reflejo,
el reflejo de tu mirada,
el reflejo de tu Querer.

Y yo, perdido en el cielo,
en tus ojos y en el amor
te busco, te sigo… y te encuentro.

CIELO GRIS

El cielo gris, triste, decaído…
Y tu mirada perdida en el horizonte…
Buscas y no encuentras en el mundo,
tratando de encontrar en ese horizonte
el sueño perdido, el amor llorado.

El cielo gris, triste, sosegado
me muestra tu persona
alegre, feliz y amadora,
que me da alegría, amor
y felicidad.

CIELO

Hoy el cielo se construye con nubes.
Hoy el cielo muestra su belleza,
y tú, bella flor, te abres
y muestras el corazón de tu fuerza.

Hoy el mar se enaltece.
Hoy el mar lucha contra el cielo,
y tú, hombre, apareces
y muestras el poder de tu recelo.

Por eso, cielo y mar, vuestro poder,
y tú, hombre, con tu ser,
mostráis al mundo vuestro parecer
para vivir juntos y crecer.

AMOR CIEGO

Mi pensamiento está enturbiado
y mi corazón se ve nublado.
Es una dama la que me pierde,
su amor es el que me convierte.

Mi mente está presa
del amor que por ella mi ser profesa.
Y la dama, ¡oh, bella imagen!,
se pierde, se va y me apresa.

Mi corazón está triste,
tus besos se pierden en el ayer
y yo, preso de mi ser,
me pierdo, me muero y vuelvo a nacer.

BELLEZA IDÍLICA

Los brotes florecen entre los rayos
de un sol deslumbrante.
Los animales juegan locos
de alegría ante la primavera boyante.

Todo en el bosque es felicidad,
la fiesta ya se ha iniciado
y allá, en la espesidad,
surge la imagen del Enviado.

EL GRAN MIEDO

Nerviosismo, terror… ¿O, quizá, miedo?
No sé… la atmósfera, la sociedad…
Todo, todo… es duradero.
Pero, realmente, quiero la verdad.
¿Verdad? La verdad es que soy yo,
soy el culpable, el único culpable,
solo la muerte, el terror… ¿miedo?
¿A qué? ¿Por qué?

Búscame, háblame, grítame,
y lloraré, abrazaré y querré.

MUERTE

La luz se extingue...
Siento que te vas, pero no quieres.
Tu luz, esa luz que ha estado conmigo
me ha dejado.
Siento la oscuridad, veo el final,
pero tú estás aquí, tu luz me envuelve.
Sigo pensando en ti, en ayer,
en mañana... y tú ya no estás.
¿Dónde está tu luz? ¡Ah! La veo.
Sí, mi corazón está en ti
y tú en mí...
La muerte no ha podido.
La muerte me ha abrazado,
pero tú has vencido.
Tú eres todo lo que busco
y tu luz me llena.
Tú eres todo lo que busco
y tu luz me llena.
Te quiero y sé que no estás.
¡Te quiero!
Y tú, muerte, luz cegadora,
perviertes y engañas a todos.
Nos buscas y siempre encuentras.

Sigue siendo así, pues no te temo.
Muerte, luz y yo estamos unidos
y tú jamás podrás separarnos,
pues yo… ¡la quiero!

ÉXTASIS

Voy llegando al momento.
Padre, encomiendo mi alma.
No te miento,
todo en mí es estar enamorada.
Leo lo que dijiste,
veo mi reflejo en la vida
y, a pesar de no verte,
creo en ti cada día.
Veo cómo me embarga tu luz.
Siento en mi cuerpo tu calor
y, a cada momento, mi ser
se siente cansado,
lleno de un fulgor extraño,
pesado, como ido…
Pero no, él sigue ahí,
sigue mirándome…
Y su luz, esa luz…
Me tiene cegada, enturbiada,
extasiada…
¡Oh, sublime imagen!
¿Dónde vas? ¿Te marchas?
¡No me dejes!
Acógeme, abrázame…

La luz… Ahí, al final…
Yo llego, aquí estoy.
Por fin…
Y tú, ¡aún estás aquí!

PALABRAS

Maravilla, ¡oh, voz sublime!,
tu palabra es altiva,
fuerte y constante.

Siento que las letras fluyen,
arriban y se unen,
formando una cadena sin fin.

Tu voz, querida mía,
es dulce y melodiosa.
Siento como toda ella penetra
y mi corazón se emociona.

¡Cuánto deseo oír tu voz!
Saber que estás ahí, que me miras
y, sobre todo, que me deleitas
con tu palabra.

TU SONRISA

Esa sonrisa en tus labios,
ese sosiego en tu corazón
me tranquiliza y me sosiega
para darme paz y decirte «adiós».

Esa sonrisa en tus labios,
la belleza de tu ser
se nubla con tu boca cerrada
y tus ojos tristes como el atardecer.

Esa sonrisa en tus labios,
los bellos ojos que iluminan tu querer
muestran tu alma encendida
detrás de tu propio amanecer.

Esa sonrisa en tus labios
es el mejor regalo que me han dado.
Saber que brillan como el rocío,
inundando de amor mi ser enamorado.

SENSACIÓN

El olor llegaba de allí,
y yo observaba, y no olía.
Buscaba en ti
aquello que yo sentía.

En todo momento estaba
pensando que tú mirabas,
y yo, mientras cantaba,
miraba y miraba tu cara.

Eres preciosa muñeca,
toda tú me enamoras,
pero, a pesar de todo,
mereces ser enamorada.

Mira, amiga, mis ojos,
mi nariz, mi boca…
Todos mis sentidos
buscan, te hallan y te aman.

AMIGA MÍA

Cómo anhelo tu voz.
Busco y no te encuentro,
pero sé que estás ahí,
que no te has ido
y que cuento contigo.

Cómo anhelo tu presencia.
Me confortaba y me llenaba,
me sentía bien y sonreía,
pero aún sigues ahí,
y eso merece que sea feliz.

Cómo anhelo tu belleza.
Me deslumbraba tu cabello,
me enamoraba tu mirada,
pero tú sigues tan bella
que espero volver a quererla.

Cómo anhelo tu persona.
Anhelo hablar contigo,
pero sonrío cada día,
se alegra mi corazón,
porque tú estás conmigo y yo contigo.

MUNDO

Mundo maldito, mundo inmundo,
llenas mi vida de vicio,
llenas mi alma de odio
y mi corazón se turbia
todo él con el pesar,
el pesar de tu pueblo,
el ser de tu razón...
Pero, aun así, ausente,
te muestras tal cual,
tan lleno de vida,
tan lleno de amor...

Mundo maldito, mundo inmundo,
eres osado, eres absurdo.
Los hombres te rompen,
los hombres te matan
y tú no haces nada...
¿Qué haces?
¡Oh, mundo maravilloso!,
cuan ventura de un ayer,
de un mañana, de un hoy,
que llegará dando amor,
felicidad y perdón.

TRANQUILIDAD

¿Dónde estoy? ¿Quién me sigue?
Es un tormento.
Día y noche sueño con ello.
No, el sosiego, la cama…
Sí, dormir, buscar ese lugar,
ese mundo paralelo,
buscarme a mí mismo…

¿Dónde estoy? ¿Cómo estoy?
Sigo aquí, viajando constantemente.
Sigo durmiendo… mi cama.
El sudor me inunda.
Me ahogo.
El corazón… ¡Horror!
¿Dónde estoy?

Por fin, mi habitación, esa cama…
Sé que soy feliz, sé que puedo…
¿Qué? ¿Huir?
No. Ser feliz.

PACIENCIA

La virtud y la espera.
¡Qué maravilla de dones!
Pues ante esta sociedad de mandones
hemos de ser como el mar.
Mar, maravillosa y sublime
imagen de tranquilidad.
Tus olas desmoronan muros,
tu fuerza domina al hombre,
y tú, maravilla del mundo,
sigues atrayendo y enamorando
a quien, como yo,
joven enamorado,
busca en ti la imagen soñada.
Mar, ¡oh!, abandonaste al claror,
llevaste contigo el reflejo lunar
y a mí,
desesperado, aturdido,
me dejaste sin lo anhelado,
sin lo que buscaba...
Me dejaste sin amor.

INSTANTE ÚNICO

Un instante, un momento basta
para alcanzar la plenitud.
Un instante, un segundo alcanza
el momento de la solitud.

Un instante, un momento basta
para llegar a tu lado.
Un instante, un suspiro de amar
para vivir junto a ti, enamorado.

Un instante, un beso
para unir nuestro amor.
Un instante, un día eterno
para ser felices tú y yo.

TU MIRADA

Tu mirada oculta
me busca día tras día.

Tu pensamiento obsceno
sueña conmigo cada momento.

Tus labios frescos
se resecan con mis besos.

Y tú y yo
nos miramos… y nos odiamos.

MI SENDA

Señor, tu mirada me pierde,
tu voz me serena
y tu amor me produce paz eterna.

Señor, tu mirada me guía
por el camino de la vida
y me muestra la luz cada día.

Señor, tu mirada me busca
por la tierra ya abandonada
y me dice: «¡Ven! Vuelve a la tierra
y encuentra tu verdadera senda».

TRISTE AMANECER

Triste amanecer en esta tierra
llena de humildad y amor.

Triste amanecer del que mora
los parajes de esta sociedad sin bien.

Triste amanecer del mundo
que vaga sin rumbo fijo
con tanta guerra, hambre y sin fe.

Triste amanecer de hoy, mañana o ayer,
mientras unos nacen y otros mueren
a lo largo de un destino
que solo depara tristes atardeceres.

Triste amanecer del hombre
que ha perdido la esperanza,
que ha perdido la ilusión
de volver a ver un nuevo amanecer.

SILENCIOS

La soledad y el silencio
de los campos sombreados,
la naturaleza junto a ese río
y el marrón de los campos ya labrados.

La soledad y el silencio
de la vida y del ayer,
la calle llena de vacío
y el corazón roto por un querer.

La soledad y el silencio
de tu cuerpo y del mío,
de hoy, mañana y ayer,
de tu amor y, sobre todo, del mío.

Soledad y silencio
del campo y del mar,
de la montaña y del valle,
de tu ser... y de mi amar.

PENUMBRAS

En la penumbra nocturna
oigo latir mi corazón
de una emoción extraña
al verte y sentir pasión.

En el devenir diario,
pienso, sin saberlo:
«¿Dónde estaba ella
cuando la necesitaba?».

En la sombra del día
busco la razón de mi existir:
—Sé que tú estás ahí
y por eso vengo a ti.

En el vivir y en el morir
siento cómo solo tú
con tu sonrisa, con tu alegría
me haces reír y vivir.

AMOR

Te conocí entre las colinas,
entre los verdes campos
bordeados de frondosos bosques.

Te descubrí por tus palabras,
contando sin tapujos
tu vida y tus amores.

Te amé entre las sombras,
acaso no queriendo
reconocer mis errores.

Te querré sin más
recompensa que siendo
el amigo que te quiera, Dolores.

DULZURA

Dulce sensación siento
al haber hablado contigo.

Dulce placer recorre
desde tu voz a mi corazón.

Dulce vivencia vivida
junto a ti en la oscuridad.

Dulce amar ese corazón
tan grande y con tanta pasión.

Dulce querer sin tapujos
ante tu presencia que oculto.

Dulce melodía resuena
en mi pecho, tu voz tierna.

Dulce amor eterno
que vivirá por siempre
dentro de mi corazón.

SILENCIO ETERNAL

En el silencio de la noche
oigo volar las estrellas
hacia el negro y triste amanecer.

En el silencio de la noche
las voces se elevan
y el silencio surge con violencia.

En el silencio de la noche
se oye el latido del corazón
con tal fuerza que trae confusión.

En el silencio de la noche
solos Tú y yo, Padre,
hablamos, oramos y soñamos.

SIN VIVIR

Vivir sin ilusión, sin amor,
es vivir para morir.
Vivir por vivir no es sino buscar
en el corazón un poco de amor.
Vivir sin ilusión, sin amor,
es malgastar tanta ilusión,
tanta pasión ya olvidada
que apenas surgió y ya se apagó.
Vivir sin ilusión, sin amor,
es como ver llover desde el portal,
sin preocupación, sin tensión,
creyendo no sentir dolor.
Vivir sin ilusión, sin amor,
sabiendo que aquí estoy yo,
olvidado, no amado,
esperando que se apague mi amor.
Vivir sin ilusión, sin amor,
viendo pasar los días,
esperando encontrar algún día
el amor ya olvidado y perdido,
para saber que ella y yo
vivimos con ilusión, amor y pasión.

DESCUBRIR

He descubierto el desierto
a través de tu mirada,
alejándose, dejando tras de sí
mi corazón al descubierto,
con un ansia de vivir desesperada.

He descubierto la soledad
a través de tus palabras,
murmuradas por esos labios carmesí,
dulces, sensuales, llenos de bondad,
alejados y sordos ante mi amar.

He descubierto la desesperanza
de alcanzar algún día
un gesto, un momento, en que digas sí
al amor y a la esperanza,
a mi querer y mi alegría.

He descubierto la sensibilidad
a través de nuestra amistad,
que se forjó en la escucha
de nuestro amor y nuestra verdad,
en la confianza y en la realidad.

He descubierto el cariño
que tus ojos me daban al mirar
en ese infinito de nuestra lucha
por alcanzar algún sueño,
encontrar a quien te quiera de verdad.

He descubierto el amor
al mirar, al escuchar,
al sentirte cerca de mi corazón,
desde donde pueda amarte
y quererte con toda mi pasión.

¿QUÉ ES EL AMOR?

¿Qué es el amor?
El amor es sentimiento,
el amor es escucha,
el amor es tu pensamiento,
el amor es mi lucha.

¿Qué es el amor?
El amor es acogimiento,
el amor es ayuda,
el amor es tu corazón,
el amor es mi alegría.

¿Qué es el amor?
El amor son tus ojos,
el amor son tus labios,
el amor eres tú.

BIEN MIRADOS

Te miro, te conozco, te siento.
Busco en tu mirada perdida
esa llama que ilumine mi corazón
de esa esperanza mantenida.

Te miro, te conozco, te noto
cerca de mi corazón, al acercarte
cuando buscas en la noche
el amor añorado, el amor querido.

Te miro, te quiero, te amo;
cada vez que pienso en ti,
solo siento que eres un encanto.

Te miro, te quiero, te amo
cuando estoy junto a ti
y acierto a decirte «TE QUIERO».

LA CIUDAD ETERNA

Esta es mi ciudad, la del damero
de Pizarro, la que me acogió, solo,
abandonado, triste, pobre y lloroso.

Y en cada lágrima, un recuerdo
de la plaza de Armas, de Barrios Altos,
de San Juan, Independencia… de mis hermanos

llorando desconsolados sin un pan,
sin agua, sin leche… Y un solo pensamiento:
conseguir un sencillo en la Vía Evitamiento.

Esta es mi ciudad, la del puente
de los Suspiros en la linda Barranco,
o Larcomar en Miraflores y el canto

de Chabuca Granda oyéndose en la lejanía
en labios de Eva Ayllón… ¡Qué poema!
Y disfrutando de la hermosa compañía.

Han pasado los años y me encuentro
sumido en un sueño que no me abandona,
que me trae del pasado lindos recuerdos…

Esta es mi ciudad, la Lima de cada día
con sus combis, sus mercados, sus gentes,
que se reflejan en mi ser para siempre.
Y surge, en la bruma de la mañana fría,
el rumor del río Chillón, del río Rímac,
que atraviesa con fuerza la urbe que despierta.

Camino por tus calles en busca de gente,
de esas personas a las que veía siempre
que venía al girón de la Unión para verte.

Esta es mi ciudad, la del Señor
de los Temblores, el Cristo Morado
o la iglesia de la Merced, o la de San Pedro,

o Santo Domingo, o Santa Rosa de Lima.
Un mundo diferente, único, maravilloso
que hace que nazca en mí la nostalgia

de no tenerte cerca, de estar tan lejos…
Pero sabiendo que solo hay una ciudad
así que yo tanto deseo: mi Lima, la que quiero.

MIL BESOS PARA TANTA DISCULPA

Muchas veces pienso en todo lo que pierdo
al olvidar algo tan sencillo y maravilloso.
Escribirte un nuevo poema me convierte
en un hombre enamorado y orgulloso
de tener a una mujer a la que quiero
como tú, mi dulce dama de bellos ojos.

Un beso en una mejilla, y luego en la otra
me llevan a desencadenar un sentimiento
apasionado, de cariño inusitado,
y por eso deseo poder decirte
con un beso que lo siento,
pues he descuidado lo que más anhelo a mi lado:
tú, mi dulce princesa, tu presencia, tu persona…

Me gusta escribirte poemas de amor y de amistad,
porque lo que siento surge de mi corazón,
de ese pedacito de mi interior que te quiere
con tanta dulzura y tanta pasión
que decir mentiras sería negar la verdad
de poder jurarte, amor,
que uno no deja de quererte.

Muchos momentos pasan al día por mi mente
y yo trato de tenerlos grabados en mi interior
constantemente. Pero eso no deja de hacerme
pensar que te he vuelto a fallar de nuevo,
aunque lo que sé es que mis sentimientos
son de amor, son de un profundo y sublime deseo:

poder decir en voz alta que yo TE QUIERO,
porque es algo que yo, amor, yo siento
desde lo más profundo de mi gran corazón,
ese entregado a ti cada día con tanta pasión,
con tanta felicidad y un grito de mi alma:
que tú, amor, eres, para mí, mi dama.

PRINCESA MÍA

Cada día me encuentro a tu lado, mi dama,
y sueño con volver a estar hoy junto a ti,
sabiéndome amado, sintiéndome enamorado
al saber que estoy contigo, amor, al fin.
Y deseo llamarte y susurrarte al oído que te amo,
porque deseo quererte con toda mi alma.

Mi voz grita con fuerza al cielo que yo te quiero
y deseo poder darte el placer de llamarte
para decirte que estar queriéndote es sentir
que contigo, amor, hoy puedo ya vivir,
disfrutando de tu presencia callada, porque tengo
un solo anhelo: darte un abrazo y, amor, besarte.

Estoy feliz al saber lo mucho que te amo, mi vida,
porque siento que brota en mí esa dulce alegría
que representa cada encuentro,
cada momento lleno de intimidad,
de sueños, de deseos encontrados.
Pero lo que sé es que cada uno de mis recuerdos
lleva marcado en sí el gesto de un hombre enamorado.

Mi vida ha cambiado radicalmente,
porque estoy compartiendo con una mujer
maravillosa cada momento único, inolvidable,
lleno de amor, de ternura, de deseo, de mil anhelos
que surgen desde lo más profundo de mi alma,
llamando con un grito desesperado
a las lejanas estrellas,
buscando encontrarte allí sentada,
como la mujer más bella
que me da el amor que yo deseo, ese amor alcanzable.

El corazón está palpitando hoy intensamente
al pensar en cuánto te quiero,
pero lo que ahora te digo que deseo
es decirte que te quiero.
Poemas y más poemas que van surgiendo de mi interior,
de lo más profundo de mi alma,
que ahora está deseando encontrar en ti
el apoyo a un querer y no poder, a un desear
poder amarte con dulzura, sin riñas, sin malas caras,
amando con todo el deseo de mi corazón,
sabiéndome, amor mío, un enamorado.

ANOCHECER ETERNO

Anochece y la aurora boreal arrastra consigo
las estrellas del firmamento frío, oscuro,
aún idílico y eterno,
mientras mi ser callado se turba
con tu presencia callada, solitaria, dulce y sensual,
cuyo corazón sereno estalla en mil llamaradas
de amor que llegan a mi alma.

Mil lágrimas estallan en mis ojos al recordar,
con pena, que hoy no te veré,
porque mi anhelo es descubrir, cada día,
que sin ti, mi vida, ya no puedo vivir,
porque mis deseos, mis sueños,
se convierten en suspiros,
en deseos soñados, vividos.

La noche serena va despertando a un nuevo amanecer
que me inspira un nuevo amor,
un querer reencontrarte, un saber que estás ahí,
y darte, amor, un dulce y largo beso
que selle nuestro amor, nuestro querer,
nuestra felicidad, que ilumina, al amanecer,
nuestro amor… hoy eterno.

Llamas de amor florecen en mis entrañas
y se hacen reflejo en ti, mi vida,
porque mi deseo es quererte con toda mi alma
al saber que deseo vivir una experiencia inolvidable,
única, eterna, maravillosa,
y despertar cada mañana contigo a mi lado
para, al despertar, decirte «te quiero».

FELICIDAD

Felicidad es decirte que te quiero, mi amor,
porque me siento totalmente enamorado.

Felicidad es un beso lleno de un dulce atardecer
en el que aprendí, amor mío, a darte mi querer.

Felicidad es un gesto, es un decir con mucho cariño
que te quiero, que deseo estar hoy solo contigo.

Felicidad… el valor más grande que me da tu sonrisa
al levantarme cada mañana y sentir en mí tu alegría.

Felicidad es un amor único y especial, es saber amar
con el corazón, con tanta dulzura que llegue al alma.

Felicidad es volver a levantar el espíritu en las caídas
que nos duelen, que nos hacen ser mejores en la vida.

Felicidad es sonreír sin saber por qué lo haces
y tener la certitud de que lo único que tienes es saber

que amando a una mujer como tú estoy lleno de amor,
porque me das cariño, felicidad y, sobre todo, amor.

El circo

Mi papi y mi mami me llevaron
ayer al circo ¡Qué grande la carpa!
¡Cuánta gente reunida en ese sitio!

Nos sentamos y, ¡oh!, se apagó la luz
y, acto seguido, sonó la música y… ¡Silencio!
Allí apareció una bella dama

que empezó a bailar al compás
de la música, y con ella se encontró
un bailarín que la abrazó y bailaron

flotando en el aire. Y cuanto más
alto subían, más miedo. Y silencio,
porque acaba el número. ¡Aplausos!

Mi papi me mira, mi mami me habla
y yo mientras veo salir elefantes, leones,
tigres, caballos… ¡Y tres payasos!

Me hacen reír, se caen, se ponen a cantar,
me suenan mucho esas lindas canciones,
las tarareo y me río con mi hermano.

Llegan en ese momento los malabaristas,
pasándose los discos, pasando aros,
haciendo piruetas, dando saltos y acrobacias.

Y entonces levanto mis ojos y allí arriba
descubro a los maravillosos trapecistas,
pasando con valentía de un columpio a otro.

El circo llega al final de la función
y me he divertido de lo lindo
junto a mis padres y con mi hermano.

Porque hemos cantado con mucha emoción,
nos hemos reído… Y ha sido tan bonito
que volveremos a verlo el próximo verano.

Índice